Machiavelli für Manager

Artemis & Winkler

Machiavelli für Manager

Sentenzen

AUSGEWÄHLT
VON LUIGI UND
ELENA SPAGNOL

Artemis & Winkler

Wem Erfindungsgabe abgeht, der wird nie ein großer Mann in seinem Fach sein.

ÜBER DIE KRIEGSKUNST,
SIEBENTES BUCH

Zieh viele darüber zu Rate, was du tun sollst, aber teile nur wenigen mit, was du ausführen willst.

ÜBER DIE KRIEGSKUNST,
SIEBENTES BUCH

Es ist die Pflicht eines guten Feldherrn, als erster aufs Pferd und als letzter vom Pferd zu steigen.

DAS LEBEN DES
CASTRUCCIO CASTRACANI

Es ist nicht leicht, es zu bewerkstelligen, daß sich mehrere leitende Persönlichkeiten gegen eine einzige verbünden; gelingt es, so ist dieses Bündnis oft nicht von langer Dauer.

BRIEF AN FRANCESCO VETTORI,
10. DEZEMBER 1514

Die Menschen wechseln gern ihren Herrn in der Hoffnung, einen besseren zu bekommen, ... darin aber täuschen sie sich.

DER FÜRST, III

Die Menschen tun niemals etwas Gutes, wenn sie nicht dazu gezwungen sind. Sobald ihnen freie Wahl bleibt und sie sich gehen lassen können, gerät alles in Verwirrung und Unordnung. Man sagt daher, Hunger und Armut machen die Menschen betriebsam, die Gesetze machen sie gut. Wo von selbst, auch ohne

Gesetz, gut gehandelt wird, ist das Gesetz nicht nötig; wenn aber diese gute Gewohnheit aufhört, dann ist sogleich das Gesetz notwendig.

VOM STAAT,
ERSTES BUCH, 3. KAPITEL

Dem, der zu dienen gewöhnt ist, macht es wenig aus, den Herrn zu wechseln, ja, häufig wünscht er sogar den Wechsel.

VOM STAAT,
DRITTES BUCH, 12. KAPITEL

Nicht der Titel verleiht dem Mann Glanz, sondern der Mann dem Titel.

VOM STAAT,
DRITTES BUCH, 38. KAPITEL

Des Schwures bedienen sich die Menschen, nicht um ihn zu halten, sondern als Mittel, leichter zu betrügen, und je besser und sicherer der Betrug gelingt, desto mehr Lob und Ruhm erwirbt man. Die Bösen werden wegen ihrer Geschicklichkeit gelobt, die Guten wegen ihrer Einfalt getadelt.

GESCHICHTE VON FLORENZ,
DRITTES BUCH

Treue Knechte bleiben immer Knechte und ehrliche Leute immer arm; nur die Verräter und Kühnen brechen die Ketten, nur Räuber und Betrüger machen sich von der Armut los.

GESCHICHTE VON FLORENZ,
DRITTES BUCH

Es ist leichter, gehorchen als befehlen zu lernen.

ÜBER DIE REFORM
DES STAATES VON FLORENZ

Die Bürger, die sich in den Republiken mit mechanischen Künsten und Handwerken beschäftigen, können nicht wie Fürsten zu befehlen verstehen, wenn sie an die Spitze der Regierung gestellt werden. Man muß daher jene zum Befehlen auserwählen, die nie jemand anderem als den Königen und den Gesetzen gehorcht haben, wie Männer, die von ihren Einkünften leben.

VERMISCHTE SENTENZEN

Die etwas von jemand zu erlangen wünschen, pflegen ihn durch Bitten, Belohnungen oder

Drohungen anzugreifen, damit er, entweder durch Mitleid oder Vorteil oder Furcht bewogen, ihren Wünschen willfahre.

GESCHICHTE VON FLORENZ,
SECHSTES BUCH

Wer menschliche Empfindung in sich trägt, kann sich nicht freuen über einen Sieg, über den die Untertanen sich nur betrüben.

GESCHICHTE VON FLORENZ,
SECHSTES BUCH

Die Welt war immer, wie jetzt, von Menschen bewohnt, die stets die gleichen Leidenschaften hatten. Immer gab und gibt es Diener und Herren; solche, die ungern dienen, und solche, die gern dienen; solche, die sich empören und dann wieder bezwungen werden.

ÜBER DIE AUFSTÄNDISCHE BEVÖLKERUNG
DES CHIANATALS

Der Verstand der Menschen ist von dreierlei Art. Entweder sie erkennen alles von selbst; oder nur, wenn sie von anderen darauf hingewiesen werden, oder sie verstehen weder etwas von selbst noch mit Hilfe anderer.

DER FÜRST, XXII

Wenn Reformen dauerhaft sein sollen, so müssen sie langsam durchgeführt werden.

ÜBER DIE REFORM
DES STAATES VON FLORENZ

Es ist gewiß kein geringes Wagnis, von zweifelhaftem Erfolg und äußerst gefährlich, eine neue Ordnung einzuführen.

DER FÜRST, VI

In Wahrheit verdient den Haß des Volkes jene Art von Autorität, die einzelne sich anmaßen, nicht aber solche, die sie durch Großmut, Geneigtheit und Hochsinn erwerben.

GESCHICHTE VON FLORENZ,
ACHTES BUCH

Große Männer nennen Schande das Verlieren, nicht aber den Gewinn durch Trug.

GESCHICHTE VON FLORENZ,
SECHSTES BUCH

Es gibt viel Gutes, das zwar von einem klugen Mann erkannt wird, aber doch keine so auffälligen Gründe hat, um andere von seiner Richtigkeit überzeugen zu können.

VOM STAAT,
ERSTES BUCH, II. KAPITEL

Viel leichter wird ein Admiral, der mit den Winden, den Wellen und mit Männern zu kämpfen pflegt, ein Feldherr zu Lande werden, wo man mit Männern allein kämpft, als ein Feldherr ein Admiral werden kann.

ÜBER DIE KRIEGSKUNST,
ERSTES BUCH

Was der Mensch sich nimmt, erregt Haß, nicht, was ihm gegeben wird.

GESCHICHTE VON FLORENZ,
VIERTES BUCH

Zu befehlen versteht nur, wer seine eigenen Eigenschaften mit den Eigenschaften dessen, der gehorchen soll, vergleicht. Findet er dabei das richtige Verhältnis, dann soll er befehlen. Findet er es nicht, dann soll er es lassen ... Um kraftvolle Taten zu befehlen, muß man stark sein. Wer diese Stärke besitzt und kraftvolle Taten befiehlt, kann die Ausführung nicht durch Sanftmut erwirken. Wer hingegen diese Kraft des Geistes nicht besitzt, muß sich hüten, etwas Ungewöhnliches zu befehlen. Bei gewöhnlichen Befehlen kann er seine Menschlichkeit zeigen, da die gewöhnlichen Strafen nicht dem Machthaber, sondern den Gesetzen und Einrichtungen zugeschrieben werden.

VOM STAAT,
DRITTES BUCH, 22. KAPITEL

Wo die Strafen groß sind, müssen auch die Belohnungen groß sein.

ÜBER DIE KRIEGSKUNST,
SECHSTES BUCH

Es kommt selten oder überhaupt nie vor, daß Menschen aus kleinen Verhältnissen ohne Gewalt und ohne Betrug in eine hohe Position gelangen.

VOM STAAT,
ZWEITES BUCH, 13. KAPITEL

Alle Gewalttaten müssen auf einmal begangen werden, da sie dann weniger empfunden und eher vergessen werden; Wohltaten aber dürfen nur nach und nach erwiesen werden, damit sie desto besser gewürdigt werden.

DER FÜRST, VIII

Machthungrige können verwandtschaftliche Beziehungen eingehen, Freundschaft kann sie jedoch nicht verbinden.

GESCHICHTE VON FLORENZ,
SECHSTES BUCH

Ein Machthaber darf seinen Günstlingen nur so viel Ansehen geben, daß zwischen diesen und ihm immer noch ein Abstand und immer noch etwas Begehrenswertes liegt ...

Man darf sich nur im Notfall jemandem anvertrauen, und zwar nur im Augenblick der Tat. Will man sich dennoch jemandem anvertrauen, so nur einem einzigen, den man lange geprüft hat, oder dem, den der gleiche Beweggrund treibt. Einen solchen zu finden, ist viel einfacher, als mehrere von ihnen zu finden, und darum weniger gefährlich ... Wie ich von klugen Leuten sagen hörte, kann man mit einem über alles sprechen. Das Ja des einen gilt soviel wie das Nein des anderen – vorausgesetzt, daß man sich nicht verleiten läßt, etwas Schriftliches aus der Hand zu geben. Vor Schriftlichem muß sich jeder hüten wie vor einer Klippe, denn nichts kann dich leichter überführen als ein Schreiben von deiner Hand.

VOM STAAT,
DRITTES BUCH, 6. KAPITEL

Wer sich am wenigsten auf das Glück verläßt, behauptet sich am besten.

DER FÜRST, VI

Mißtrauische Leute sind nicht redlich.

CLIZIA, III. AKT, 7. SZENE

In unserer Zeit haben nur die Großes erreicht, die für knauserig gehalten wurden.

DER FÜRST, XVI

Nichts verbraucht sich selbst so wie die Freigebigkeit; denn indem du sie übst, verlierst du die Fähigkeit, sie zu üben, und du wirst entweder arm und verächtlich oder, um der Armut zu entgehen, raubgierig und verhaßt.

DER FÜRST, XVI

Wer die Übel erst dann erkennt, wenn sie zum Ausbruch kommen, ist nicht wahrhaft weise; aber dies ist nur wenigen gegeben.

DER FÜRST, XIII

Diejenigen, die sich mit einem bescheidenen Sieg begnügen, erreichen mehr als die, die von unersättlicher Siegesgier besessen sind, denn diese verlieren oft.

GESCHICHTE VON FLORENZ,
VIERTES BUCH

Es ist unklug, immer den Sieg davontragen zu wollen.

GESCHICHTE VON FLORENZ,
ZWEITES BUCH

Weder Gewissen noch Schande müssen euch ängstigen, denn der Sieger, durch welche Mittel er auch siegen mag, trägt niemals Schmach davon.

GESCHICHTE VON FLORENZ,
DRITTES BUCH

Man soll nicht zu früh den Sieg davontragen wollen, damit es einem nicht so ergehe wie jenen betriebsamen Händlern, die, um binnen eines Jahres zu Reichtum zu gelangen, im Verlauf von sechs Monaten in Armut geraten.

BRIEF AN BARTOLOMEO CAVALCANTI,
13. JULI 1526

Wo die Not drängt, da wird Tollkühnheit zur Klugheit.

GESCHICHTE VON FLORENZ,
DRITTES BUCH

Wenn viele leiden, suchen sich wenige zu rächen, denn allgemeine Übel erträgt man leichter und geduldiger als einzeln erlittene.

GESCHICHTE VON FLORENZ,
DRITTES BUCH

Wer zu Unrecht jemanden beleidigt, gibt anderen Anlaß, ihn zu Recht zu beleidigen.

GESCHICHTE VON FLORENZ,
SECHSTES BUCH

Oft täuscht man sich, wenn man glaubt, durch Bescheidenheit den Hochmut bezwingen zu können.

VOM STAAT,
ZWEITES BUCH, 14. KAPITEL

Es ist besser, den Feind durch den Hunger zu besiegen als durch das Eisen.

ÜBER DIE KRIEGSKUNST,
SIEBENTES BUCH

Um dich weniger selbst zu täuschen und alle Gefahr zu vermeiden, mußt du desto vorsichtiger sein, je schwächer und unklüger sich der Feind zeigt. In diesem Fall ist zweierlei zu beachten: Während du ihn im Inneren fürchtest und deine Vorsichtsmaßregeln danach triffst, mußt du durch deine Reden und äußerlichen Handlungen Verachtung gegen ihn an den Tag legen. Durch letzteres Mittel flößt du deinen Truppen die Hoffnung eines gewissen Sieges ein, durch ersteres hältst du dich auf der Hut und wirst nicht so leicht getäuscht.

ÜBER DIE KRIEGSKUNST,
FÜNFTES BUCH

Schlaue oder tollkühne Pläne erscheinen anfangs gut, während man sie bei der Ausführung schwierig, beim Ausgang nachteilig findet.

GESCHICHTE VON FLORENZ,
VIERTES BUCH

Wer einem anderen zur Macht verhilft, richtet sich selbst zugrunde; denn er verleiht ihm die

Macht entweder durch Geschick oder Gewalt, und beides ist dem, der zur Macht gelangt ist, verdächtig.

DER FÜRST, III

Wenn viele Mächte sich gegen eine einzige verbünden und alle zusammen stärker sind als diese, kann man doch immer größere Hoffnung auf diese eine weniger starke setzen als auf mehrere, auch wenn sie noch so stark sind. Denn abgesehen von allem, worin ein einzelner im Vorteil ist (und das ist außerordentlich viel), wird es ihm mit einer gewissen Geschicklichkeit immer gelingen, die vielen zu entzweien und die an sich starke Gesamtmacht zu schwächen.

VOM STAAT,
DRITTES BUCH, 11. KAPITEL

Männer von Rang können kein geruhsames Leben wählen, selbst wenn sie es wirklich wollten und keine ehrgeizigen Pläne hegten, denn man würde es ihnen nicht glauben. Auch wenn sie selbst in Ruhe leben wollen, so lassen dies die anderen nicht zu.

VOM STAAT,
DRITTES BUCH, 2. KAPITEL

Die beste Methode, um Informationen zu bekommen, ist die, selbst welche zu geben.

AN RAFFAELLO GIROLAMI

Es empfiehlt sich, den Menschen Hoffnungen zu machen und ihnen immer etwas zu versprechen, wenn man sie braucht.

ÜBER DIE REFORM
DES STAATES VON FLORENZ

Ein Feldherr, zur Flucht oder Schlacht genötigt, wählt immer die Schlacht, da er durch diesen Entschluß, so gefährlich er auch sein mag, auf den Sieg hoffen kann, durch den anderen aber von vornherein verloren ist.

VOM STAAT,
ZWEITES BUCH, 10. KAPITEL

Wer nur wenige zum Feind hat, kann sich leicht und ohne viel Aufhebens sichern. Wer aber die große Masse zum Feind hat, ist niemals sicher, und je mehr Grausamkeiten er begeht, desto schwächer wird sein Regiment.

VOM STAAT,
ERSTES BUCH, 16. KAPITEL

Die Notwendigkeit zwingt die Versprechen zu halten, die die Notwendigkeit einem abgerungen hat.

GESCHICHTE VON FLORENZ,
FÜNFTES BUCH

Wenn wir bei unserem Handeln zögern, ist es lähmend; überstürzen wir etwas, so droht Gefahr.

GESCHICHTE VON FLORENZ,
DRITTES BUCH

Jene Unternehmungen, die mit Gefahr beginnen, enden mit Lohn, und ohne Gefahr hat man sich noch nie aus einer Gefahr gerettet.

GESCHICHTE VON FLORENZ,
DRITTES BUCH

Es ist töricht, die Menschen zur Verzweiflung zu bringen. Denn wer auf nichts Gutes mehr hofft, fürchtet nicht das Schlimmste.

GESCHICHTE VON FLORENZ,
ZWEITES BUCH

Wer glaubt, daß die Großen dank neuer Wohltaten alle Kränkungen vergessen, der täuscht sich.

DER FÜRST, VII

Die Menschen werden nicht leid, das zu tun, woran sie gewohnt sind. Neues läßt man ebenso rasch fallen, wie man es rasch annimmt; es ist immer leichter, eine Macht aufrechtzuerhalten, die durch die Länge ihrer Dauer den Neid schon zum Schweigen gebracht hat, als eine neue aufzustellen, die durch mancherlei Stürme ohne Mühe gestürzt werden könnte.

GESCHICHTE VON FLORENZ,
SIEBENTES BUCH

Ich meine, es sei besser, ungestüm als vorsichtig zu sein, denn das Glück ist ein Weib; wer es bezwingen will, muß es prügeln und stoßen. Die Erfahrung lehrt, daß es sich leichter von denen, die so verfahren, bezwingen läßt als von jenen, die mit kühlem Kopf vorgehen. Darum ist es, wie ein Weib, stets jungen Leuten gewogen, weil diese unbesonnener, aber desto stürmischer und kühner sind.

DER FÜRST, XXV

Oft werden viele von wenigen überwältigt.

GESCHICHTE VON FLORENZ,
ZWEITES BUCH

Die Freundschaften, die für alle Teile Vorteile bringen, sind von langer Dauer.

BRIEF AN DIE ZEHN,
20. NOVEMBER 1502

Das Volk ist immer wankelmütig; man gewinnt oder verliert seine Gunst aufgrund eines nichtigen Vorfalls.

GESCHICHTE VON FLORENZ,
DRITTES BUCH

Nicht jener, der zuerst nach den Waffen greift, ist Urheber der Verwirrung, sondern der, welcher den anderen dazu nötigt.

GESCHICHTE VON FLORENZ,
SIEBENTES BUCH

Wenige kennen die Welt und wissen, daß wer die Meinung anderer befolgen will, nie zu etwas kommt; denn wo findet man je zwei gleichgesinnte Menschen?

BRIEF AN FRANCESCO VETTORI,
5. JANUAR 1514

Ungeordnete Leute fürchten sich immer vor geordneten.

ÜBER DIE KRIEGSKUNST,
FÜNFTES BUCH

Freundschaften unter Herrschern werden mit den Waffen bewahrt.

BRIEF AN DIE ZEHN,
8. NOVEMBER 1502

So wie das Bittere den Geschmack beeinträchtigt und man am Süßen Gefallen findet, so werden die Menschen des Guten schnell überdrüssig und beklagen sich über das Böse.

BRIEF AN PIETRO SODERINI (1512?)

Kluge Männer machen sich immer ein Verdienst aus ihren Handlungen, auch wenn allein die Notwendigkeit sie dazu zwingt.

VOM STAAT,
ERSTES BUCH, 51. KAPITEL

Wenn man eine Mauer, die von allen Seiten einzustürzen droht, stützen will, so empfiehlt es sich, viele – wenn auch schwache – Stützen zu errichten, als sich mit wenigen stärkeren zu begnügen.

ÜBER DIE KRIEGSKUNST,
ZWEITES BUCH

Bei Verleumdungen braucht man keinen Zeugen, und es gibt überhaupt keine Möglichkeit zur Überprüfung ihrer Richtigkeit, so daß jeder von jedem verleumdet werden kann. Dagegen kann nicht jeder angeklagt werden, da bei einer Anklage vollgültige Zeugen und Tatsachen die Wahrheit der Anklage beweisen müssen.

VOM STAAT,
ERSTES BUCH, 8. KAPITEL

In allen menschlichen Dingen zeigt sich bei genauerer Prüfung, daß man nie einen Übelstand beseitigen kann, ohne daß ein anderer daraus entsteht... Wir müssen daher bei all unseren Entschlüssen erwägen, wo das kleinere Übel liegt, und den danach gefaßten Entschluß für den besten halten, weil alles auf der Welt seine Schattenseiten hat.

VOM STAAT,
ERSTES BUCH, 6. KAPITEL

Wenn man etwas verliert, was man selbst preisgibt, so verliert man damit – vorausgesetzt, daß das Heer noch geschlossen steht – weder sein militärisches Ansehen noch die Hoffnung auf den Sieg. Verliert man aber etwas, was man halten wollte und von dem jedermann glaubt, daß man es verteidigen wird, dann ist es schädlich und verlustreich.

VOM STAAT,
DRITTES BUCH, 37. KAPITEL

Je mehr Macht die Menschen haben, um so mehr mißbrauchen sie diese und werden übermütig.

GESCHICHTE VON FLORENZ,
ZWEITES BUCH

Das, was mehr als alles andere die Reiche zerstört, ist wohl, daß keiner der Mächtigen sich jemals an Macht gesättigt fühlt.

DER GOLDENE ESEL,
FÜNFTER GESANG

Es ist besser, von der Willkür derer abzuhängen, die man von früheren Zeiten kennt, als derer, die man noch nicht genau kennt und von denen man also nicht weiß, was sie wollen.

BRIEF AN FRANCESCO VETTORI,
10. DEZEMBER 1514

Um einen Menschen richtig einzuschätzen, genügt es zu beobachten, wie leicht er das glaubt, was ihm die anderen sagen, oder wie geschickt er ist, sich zu verstellen, wenn er andere überzeugen will: Wer das glaubt, was er nicht glauben sollte, oder ungeschickt argumentiert, wenn er andere überzeugen will, den kann man getrost als oberflächlich und unvorsichtig bezeichnen.

BRIEF AN EINEN KANZLER VON LUCCA,
OKTOBER 1499

Oft erzeugt ein schwacher Anfang große Wirkungen, da die Menschen geneigter sind, sich einem schon begonnenen Unternehmen anzuschließen, als es selber zu beginnen.

GESCHICHTE VON FLORENZ,
SIEBENTES BUCH

Man kann Haß durch gute sowie durch schlechte Taten auf sich ziehen.

DER FÜRST, XIX

Große Männer bleiben in jeder Lebenslage die gleichen; mag sie das Schicksal erhöhen oder erniedrigen, sie ändern sich nie, sie bleiben immer standhaft und ihrer Lebensart treu, so daß jeder sieht, daß das Schicksal keine Macht über sie hat. Anders verhalten sich schwache Menschen. Das Glück macht sie eitel und berauscht sie, und die Vorteile ihrer Lage schreiben sie Tugenden zu, die sie niemals besaßen.

VOM STAAT,
DRITTES BUCH, 31. KAPITEL

Ich halte es für einen der größten Beweise menschlicher Klugheit, sich in seinen Worten jeder Drohung oder Beleidigung zu enthalten. Weder das eine noch das andere schwächt den Feind, vielmehr machen ihn Drohungen nur vorsichtiger, und Beleidigungen steigern seinen Haß gegen dich und beflügeln ihn, nachhaltiger auf dein Verderben zu sinnen.

VOM STAAT,
ZWEITES BUCH, 26. KAPITEL

Man kann jeden Mächtigen daran erinnern, daß alte Unbill nie durch neue Wohltaten ausgeglichen wird, und zwar um so weniger, je geringer die neue Wohltat im Verhältnis zur alten Unbill ist.

VOM STAAT,
DRITTES BUCH, 4. KAPITEL

Gott ist Freund der kräftigen Männer, denn er züchtigt die Schwächlinge durch die Starken.

DAS LEBEN DES
CASTRUCCIO CASTRACANI

Die Menschen werden hauptsächlich von zwei Haupttrieben beherrscht: von Liebe und Furcht. Es beherrscht sie also gleichermaßen derjenige, der ihre Liebe gewinnt, wie der, der ihnen Furcht einflößt; ja, meistens findet sogar der, der ihnen Furcht einflößt, mehr Folgsamkeit und Gehorsam als der, der ihnen Liebe entgegenbringt.

VOM STAAT,
DRITTES BUCH, 21. KAPITEL

Man darf nie glauben, der Feind handle, ohne zu wissen, was er tut.

ÜBER DIE KRIEGSKUNST,
FÜNFTES BUCH

Was dem Feind nützt, schadet dir, und was dir nützt, schadet dem Feind.

ÜBER DIE KRIEGSKUNST,
SIEBENTES BUCH

Die größte und wichtigste Vorsicht, die ein Feldherr anwenden muß, ist, in seiner Umgebung treue, im Krieg erfahrene und kluge Männer zu haben, mit denen er sich fortwährend beratschlägt und über die eigenen und die feindlichen Streitkräfte spricht.

ÜBER DIE KRIEGSKUNST,
VIERTES BUCH

Es war schon immer sehr nützlich, die eigenen Pläne und Handlungen geheimzuhalten.

ÜBER DIE KRIEGSKUNST,
SECHSTES BUCH

Nichts gelingt so leicht als das, wofür dich der Feind zu wagen außerstande hält.

ÜBER DIE KRIEGSKUNST,
VIERTES BUCH

Kein Plan ist besser als der, der dem Feind verborgen bleibt, bis du ihn ausgeführt hast.

ÜBER DIE KRIEGSKUNST,
SIEBENTES BUCH

Ändere deine Pläne, sobald der Feind sie durchschaut hat.

ÜBER DIE KRIEGSKUNST,
SIEBENTES BUCH

Wer betrügt, der wird stets jemanden finden, der sich betrügen läßt.

DER FÜRST, XVIII

Keiner wird betrogen als der, welcher traut.

CLIZIA,
III. AKT, 7. SZENE

Ich sage nie, was ich denke, und ich glaube nie, was ich sage; und wenn mir doch einmal die Wahrheit entschlüpft, so verberge ich sie hinter so vielen Lügen, daß es schwer ist, sie herauszufinden.

BRIEF AN FRANCESCO GUICCIARDINI,
17. MAI 1521

Mächtige darf man entweder nicht anrühren, oder, wenn man sie einmal angetastet hat, muß man sie aus dem Weg schaffen.

GESCHICHTE VON FLORENZ,
VIERTES BUCH

Man muß die Menschen entweder verwöhnen oder vernichten; denn wegen leichter Demütigungen rächen sie sich, wegen schwerer vermögen sie es nicht. Also muß der Schaden, den man anderen zufügt, so groß sein, daß man keine Rache zu fürchten braucht.

DER FÜRST, III

Man muß die Menschen entweder gut behandeln oder sich vor ihnen sichern; nie aber darf man sie so weit bringen, daß sie davon überzeugt sind, sie müßten entweder selbst sterben oder den anderen ermorden.

VOM STAAT,
DRITTES BUCH, 6. KAPITEL

Alle bewaffneten Propheten haben den Sieg davongetragen, die unbewaffneten aber sind zugrunde gegangen.

DER FÜRST, VI

Die Menschen vergessen schneller den Tod ihres Vaters als den Verlust ihres Erbes.

DER FÜRST, XVII

Die Menschen können weder ehrenvoll böse noch vollkommen gut sein; und wenn in einer bösen Handlung Größe liegt oder wenn sie in gewisser Hinsicht hochherzig ist, so verstehen sie nicht, sie auszuführen.

VOM STAAT,
ERSTES BUCH, 27. KAPITEL

Die Art, wie man lebt, ist so verschieden von der Art, wie man leben sollte, daß, wer das, was geschieht, unbeachtet läßt zugunsten dessen, was geschehen sollte, eher ins Verderben stürzt, als für seine Erhaltung sorgt. Ein Mensch, der überall nur das Gute will, muß inmitten von so vielen anderen, die das Schlechte tun, notwendigerweise zugrunde gehen. Daher muß ein Fürst, der sich behaupten will, imstande sein, schlecht zu handeln, wenn die Notwendigkeit es erfordert.

DER FÜRST, XV

Ein kluger Herrscher kann und darf sein Wort nicht halten, wenn ihm dies zum Schaden gereicht und die Gründe hinfällig geworden sind, die ihn veranlaßt hatten, sein Wort zu geben. Wären alle Menschen gut, so wäre dieser Rat schlecht; da sie aber schlecht sind und ihr Wort dir gegenüber auch brechen würden, so brauchst auch du es ihnen gegenüber nicht zu halten.

DER FÜRST, XVIII

Mit Paternostern hält man das Ruder nicht in der Hand.

GESCHICHTE VON FLORENZ,
SIEBENTES BUCH

Laß nur einen Fürsten siegen und seine Herrschaft behaupten, so werden die Mittel dazu stets für ehrbar gehalten und von jedermann gelobt werden; denn der Pöbel läßt sich immer von dem Schein und Erfolg mitreißen, und die Welt ist voller Pöbel.

DER FÜRST, XVIII

Das Glück und die Natur halten unsere Rechnung immer im Gleichgewicht; nie erzeigt sie uns eine Wohltat, daß nicht gleich ein Übel käme ... Zeige dem Schicksal die Stirn. Entflieh dem Unglück, und wenn du ihm nicht entfliehen kannst, trag es wie ein Mann. Beuge dich nicht, entwürdige dich nicht wie ein Weib.

MANDRAGOLA,
IV. AKT, I. SZENE

Das Glück ist mehr auf der Seite des Angreifers als auf der desjenigen, der sich verteidigt.

GESCHICHTE VON FLORENZ,
VIERTES BUCH

Wo die Menschen wenig Kraft und Tapferkeit besitzen, zeigt das Schicksal in hohem Maße seine Macht.

VOM STAAT,
ZWEITES BUCH, 30. KAPITEL

Es ist unumstößlich wahr – und die Geschichte bezeugt es –, daß die Menschen das Schicksal unterstützen, sich ihm aber nicht widersetzen können. Sie können seine Fäden spinnen, aber nicht zerreißen. Sie dürfen sich indes nie selbst aufgeben.

VOM STAAT,
ZWEITES BUCH, 29. KAPITEL

Hat das Schicksal große Dinge vor, so wählt es einen Mann von so viel Geist und Verdienst aus, daß er die Gelegenheiten, die es ihm bietet, erkennt. Wenn es große Umwälzungen herbeiführen will, stellt es Männer an die Spitze, die den Einsturz des Bestehenden beschleunigen. Ist ein Mann da, der sich ihm in den Weg stellen könnte, so beseitigt es ihn oder beraubt ihn jeder Möglichkeit, wirksam einzugreifen.

VOM STAAT,
ZWEITES BUCH, 29. KAPITEL

Das Schicksal verblendet die Sinne, wenn es nicht will, daß seine hereinbrechende Gewalt gehemmt wird.

VOM STAAT,
ZWEITES BUCH, 29. KAPITEL

Zu allen anderen Schwierigkeiten, die sich dem Erreichen eines Ziels in den Weg stellen, scheint auch noch die zu kommen, daß neben etwas Gutem immer irgendein Übel liegt und so leicht mit diesem zusammen entsteht, daß es wohl unmöglich ist, das eine zu vermeiden, wenn man das andere will. Dies sieht man bei allem, was die Menschen tun. Daher wird das Gute nur schwer erreicht, es sei denn, daß einem das Glück derart hilft, daß es mit seiner ganzen Macht dieser gewöhnlichen und natürlichen Schwierigkeit Herr wird.

VOM STAAT,
DRITTES BUCH, 37. KAPITEL

Ich halte es für wahrscheinlich, daß das Glück die Hälfte unserer Handlungen bestimmt, die andere Hälfte jedoch oder beinahe so viel unserer Entscheidung überläßt. Ich vergleiche das Schicksal mit einem reißenden Strom, der, wenn er anschwillt, die Ebenen überschwemmt, Bäume entwurzelt, Häuser niederreißt, hier Erdreich fortspült und es dort anschwemmt. Jeder flieht vor ihm, alles weicht seinem Ungestüm, ohne irgendwo Widerstand leisten zu können. Trotzdem ist es den Menschen nicht verwehrt, in ruhigen Zeiten mit Wällen und Dämmen Vorkehrungen zu treffen, damit der Strom bei Hochwasser in seinem Flußbett bleibe oder wenigstens seine Gewalt nicht so unbändig und verheerend sei. Ähnlich verhält es sich mit dem Schicksal. Es zeigt seine Macht dort, wo man keine Vorkehrungen getroffen hat, ihm Widerstand zu leisten, und es wendet sich mit Ungestüm dorthin, wo ihm weder Dämme noch Wälle Einhalt gebieten.

DER FÜRST, XXV

Da das Schicksal alles tun will, muß man es gewähren lassen, ruhig bleiben, ihm nicht lästig werden und abwarten, bis es die Menschen etwas tun läßt.

BRIEF AN FRANCESCO VETTORI,
10. DEZEMBER 1513

Es ist nichts ewig unter dieser Sonne: so will's Fortuna, die im Wechsel sich gefällt, auf daß man ihre Macht deutlicher erkenne. Darum muß man sie zum eigenen Stern auserwählen und sich, soweit wie möglich, nach dem Wechsel ihrer Laune richten.

DAS GLÜCK

Man muß die Untertanen von siebzehn bis dreißig Jahren als Soldaten üben, dann als Reserve einsetzen; denn ab diesem Alter fehlt den Menschen der Wille zu lernen und zu gehorchen, sie nehmen an Bosheit zu und an Kräften ab.

VERMISCHTE SENTENZEN

Doch zeige sich niemand so arm an Verstand, daß er beim Einsturz seines Hauses glaubt, Gott werde ihn retten ohne andere Stütze.

DER GOLDENE ESEL,
FÜNFTER GESANG

Da es für den Mann schimpflich ist zu klagen, so muß er mit tränenleerem Auge seinem Unglück standhaft entgegensehen.

DER GOLDENE ESEL,
DRITTER GESANG

»Wer bist du, die du keine sterbliche Frau zu sein scheinst und die der Himmel mit so viel Anmut schmückte? Warum stehst du nicht still? Warum hast du Flügel an den Füßen?«

»Ich bin die Gelegenheit, wenigen bin ich bekannt, und die Ursache dafür, daß ich mich immer bewege, ist, daß ich einen Fuß auf einem Rad halte. Es gibt keinen Flug, der meinem Lauf gleicht, und doch behalte ich Flügel an den Füßen, um in meinem Lauf jeden zu verblenden. Mein wirres Haar ist nach vorn gewendet, mit ihm bedecke ich mir Brust und Gesicht, damit mich niemand erkennt, wenn ich komme. Am Hinterkopf bin ich kahl. Darum bemüht man sich vergeblich, wenn ich vorüberziehe oder mich umkehre.«

»Sag mir, wer ist die, die mit dir kommt?«

»Es ist die Reue. Darum merke und begreife: Wer mich nicht zu ergreifen versteht, faßt jene. Und während du redend die Zeit verschwendest, beschäftigt mit vielen eitlen Gedanken, siehst du Armer nicht und begreifst nicht, daß ich dir entschwunden bin.«

DIE GELEGENHEIT

Niemand schrecke davor zurück, das gleiche auszuführen, was bereits von anderen ausgeführt worden ist; denn die Menschen werden geboren, leben und sterben seit jeher nach denselben Gesetzen.

VOM STAAT,
ERSTES BUCH, 11. KAPITEL

Obwohl man ungebildete Menschen leichter zu einer neuen Einrichtung oder einer neuen Meinung überreden kann, so ist es deshalb doch nicht unmöglich, auch gebildete Menschen und solche, die sich nicht für ungebildet halten, dazu zu überreden. Obwohl das Volk von Florenz weder unwissend noch ungebildet war, ließ es sich von Fra Girolamo Savonarola überzeugen, er spreche mit Gott.

VOM STAAT,
ERSTES BUCH, 11. KAPITEL

Es ist nicht weise, das zu verteidigen, was man ohnehin aufgeben muß.

GESCHICHTE VON FLORENZ,
FÜNFTES BUCH

Wer neutral bleibt, muß sich den Haß des Unterliegenden und die Geringschätzung des Siegers zuziehen.

BRIEF AN FRANCESCO VETTORI,
10. DEZEMBER 1514

Wenn wir Pygmäen Riesen angreifen, wird für uns der Sieg bei weitem glorreicher sein als für sie; für sie ist nämlich schon der Kampf schändlich, um so schändlicher ist dann die Niederlage.

BRIEFFRAGMENT,
1. DEZEMBER 1497

Es ist besser, ehrenvoll alles, als einen Teil schimpflich zu verlieren.

BRIEF AN FRANCESCO VETTORI,
10. DEZEMBER 1514

Die Menschen handeln oft wie gewisse kleine Raubvögel, die die Beute, zu der die Natur sie treibt, mit solcher Gier verfolgen, daß sie den größeren Vogel nicht bemerken, der über ihnen schwebt, um sie zu zerfleischen.

VOM STAAT,
ERSTES BUCH, 40. KAPITEL

Die Menschen sind von Natur aus wankelmütig; es ist leicht, sie von etwas zu überzeugen, aber schwer, sie in dem Glauben zu erhalten.

Daher muß man Maßnahmen treffen, mit Gewalt nachzuhelfen, wenn sie nicht mehr freiwillig glauben.

DER FÜRST, VI

Die Natur erzeugt wenige mutige Männer, Kunst und Übung bilden viele.

ÜBER DIE KRIEGSKUNST,
SIEBENTES BUCH

Man muß wissen, daß es zwei Arten zu kämpfen gibt: mit den Gesetzen und mit der Gewalt. Die erste Art ist dem Menschen eigen, die zweite den Tieren; da aber die erste oft unzulänglich ist, muß man zuweilen auf die zweite zurückgreifen. Ein Fürst muß daher von der Natur des Tieres und der des Menschen den rechten Gebrauch machen... Da also ein

Fürst imstande sein soll, die Rolle eines wilden Tieres gut zu spielen, muß er sich den Fuchs und den Löwen zum Vorbild nehmen; denn der Löwe entgeht den Schlingen nicht und der Fuchs entwischt dem Wolf nicht. Man muß also ein Fuchs sein, um die Schlingen zu erkennen, und ein Löwe, um die Wölfe zu schrecken. Diejenigen, die bloß Löwen sein wollen, verstehen ihre Sache schlecht.

DER FÜRST, XVIII

Es ist nicht erforderlich, daß ein Fürst alle guten Eigenschaften wirklich besitze; es genügt, wenn er den Anschein erweckt, sie zu besitzen. Ich wage zu behaupten, daß es sogar schädlich für ihn wäre, wenn er sie wirklich alle besäße und ihnen stets treu bliebe, daß es ihm im Gegenteil nützlich sei, wenn er den Anschein erwecke, sie zu besitzen. Ein Fürst muß milde, rechtschaffen, menschlich, aufrichtig und gottesfürchtig scheinen und es auch sein; aber er muß in der Lage sein, im Notfall auch das Gegenteil zu tun.

DER FÜRST, XVIII

Die müßige Menge ist gewöhnlich das Werkzeug in den Händen der Neuerungssüchtigen.

GESCHICHTE VON FLORENZ,
SIEBENTES BUCH

Auf dieser Welt ist es sehr wichtig, sich selbst gründlich zu kennen und zu verstehen und die Kraft des eigenen Geistes zu messen. Wer für den Krieg nicht tauglich ist, muß die Kunst des Friedens anwenden, wenn er regieren will.

DAS LEBEN DES
CASTRUCCIO CASTRACANI

Eine Veränderung bewirkt stets eine weitere Veränderung.

DER FÜRST, II

Wenn die Menschen zehn Dinge ehrenvoll verrichtet haben und dann eines fehlschlägt, hat dieses eine, besonders wenn es wichtig ist, die Kraft, alle übrigen zu vernichten.

BRIEF AN FRANCESCO GUICCIARDINI,
21. OKTOBER 1525

Böswilligkeit wird weder durch die Zeit ausgeglichen noch durch Geschenke versöhnt.

VOM STAAT,
DRITTES BUCH, 3. KAPITEL

Es ist ein Vergnügen anzusehen, wie blind die Menschen für ihre eigenen Sünden sind und wie heftig sie die Laster verfolgen, die sie selbst nicht haben.

BRIEF AN FRANCESCO VETTORI,
5. JANUAR 1514

Die Menschen pflegen sich im Unglück zu grämen und im Glück ihres Zustandes überdrüssig zu werden, wobei beide Gemütsverfassungen die gleichen Wirkungen hervorbringen.

VOM STAAT,
ERSTES BUCH, 37. KAPITEL

Es ist Pflicht eines rechtschaffenen Mannes, das Gute, das er wegen der Ungunst der Zeiten und des Schicksals nicht selbst ausführen konnte, andere zu lehren, damit viele dazu befähigt werden und es vielleicht einer davon, den der Himmel begünstigt, verwirklichen kann.

VOM STAAT,
ZWEITES BUCH, VORWORT

Die Menschen gehen fast immer Wege, die bereits von anderen beschritten wurden, und ahmen in ihren Handlungen die anderen nach, können dabei jedoch diesen Wegen nicht überall folgen und ihren Vorbildern nicht in allem gleichkommen. Daher muß ein kluger Mann stets Wegen folgen, die von großen Männern beschritten wurden, und die hehrsten Vorbilder nachahmen, damit ein gewisser Abglanz auf ihn fällt, wenn er auch nicht an sie heranreicht. Er muß es den klugen Bogenschützen gleichtun, die, wenn ihnen das Ziel zu weit und die Kraft ihres Bogens zu gering erscheint, über den Treffpunkt hinauszielen, nicht um mit ihrem Pfeil in solche Höhe zu gelangen, sondern um mit Hilfe eines so hohen Ziels ihren Zweck zu erreichen.

DER FÜRST, VI

Es ist oft so, daß man bei der Ausübung vermeintlicher Tugenden untergeht, während man bei der Befolgung scheinbarer Laster Sicherheit und Wohlbefinden erlangt.

DER FÜRST, XV

Stolze und feige Menschen sind dreist, solange ihnen das Schicksal günstig ist, in der Not aber werden sie plötzlich kleinlaut und bescheiden.

GESCHICHTE VON FLORENZ,
SECHSTES BUCH

Die Menge ist eher bereit, sich fremder Habe zu bemächtigen, als das ihrige zu schützen. Auf die Menschen wirkt die Hoffnung des Erwerbs stärker als die Besorgnis vor Verlusten.

GESCHICHTE VON FLORENZ,
VIERTES BUCH

Die Menschen halten es nicht länger in schwierigen Verhältnissen aus, als sie durch die Notwendigkeit dazu gezwungen werden.

GESCHICHTE VON FLORENZ,
ZWEITES BUCH

Weißt du nicht, wie wenig Gutes sich in dem findet, was man wünscht, im Vergleich zu dem, was man zu finden glaubte?

MANDRAGOLA,
IV. AKT, I. SZENE

Unsere Sehnsucht wird immer größer, je weniger wir sie befriedigen können.

CLIZIA, I. AKT, I. SZENE

Je näher der Mensch seinen Wünschen steht, desto lebhafter werden sie, und desto größeren Schmerz fühlt er, wenn er sie nicht erreicht.

CLIZIA, I. AKT, 2. SZENE

Die Masse der Menschen läßt sich ebensogut mit dem Schein abspeisen wie mit der Wirklichkeit; ja, häufig wird sie mehr durch den Schein der Dinge als durch die Dinge selbst bewegt.

VOM STAAT,
ERSTES BUCH, 25. KAPITEL

Wenn die Menschen einmal nicht aus Not zu kämpfen brauchen, so tun sie es aus Ehrgeiz; denn dieser ist in der Brust eines jeden Menschen so mächtig, daß er ihn nie verläßt, wie hoch er auch steigen mag. Die Ursache dieser Erscheinung liegt darin, daß die Natur die Menschen so geschaffen hat, daß sie zwar alles begehren, aber nicht alles erreichen können. Da aber das Verlangen, etwas zu erwerben, immer größer ist als die Fähigkeit hierzu, so entsteht daraus Unzufriedenheit mit dem, was man besitzt, und man gewinnt die Erkenntnis, daß Besitz nur geringe Befriedigung gibt.

VOM STAAT,
ERSTES BUCH, 37. KAPITEL

Die Menschen sind niemals zufrieden; kaum haben sie etwas, so begnügen sie sich nicht mehr damit und begehren noch mehr.

GESCHICHTE VON FLORENZ,
VIERTES BUCH

Die Menschen sind von Natur mehr darauf bedacht, Unrecht zu rächen, als sich für Wohltaten dankbar zu erweisen, da sie glauben, Dankbarkeit könne ihnen Schaden bringen, während Rache ihnen Nutzen und Vergnügen zu gewähren scheint.

GESCHICHTE VON FLORENZ,
VIERTES BUCH

Die Menschen begehen den Fehler, daß sie ihren Hoffnungen keine Grenzen zu setzen wissen. Sie bauen auf sie, ohne sich nach den eigenen Kräften zu richten, und rennen so ins Verderben.

VOM STAAT,
ZWEITES BUCH, 27. KAPITEL

Die Menschen glauben, nur dann ihren Besitz sicher zu haben, wenn sie von anderen etwas hinzuerwerben.

VOM STAAT,
ERSTES BUCH, 5. KAPITEL

Die Menschen gehen langsam zu Werke, wenn sie Zeit zu haben glauben, und rasch, wenn die Not sie treibt.

VOM STAAT,
DRITTES BUCH, 6. KAPITEL

Obgleich die Menschen sich in allgemeinen Fragen täuschen, täuschen sie sich nie im einzelnen.

VOM STAAT,
ERSTES BUCH, 47. KAPITEL

Es ist der gewöhnliche Fehler der Menschen, bei gutem Wetter nicht an den Sturm zu denken.

DER FÜRST, XXIV

Wer geschickt fragt, lenkt unsere Aufmerksamkeit auf viele Dinge und läßt uns viele andere entdecken, worauf der Befragte vielleicht niemals von selbst gekommen wäre.

ÜBER DIE KRIEGSKUNST,
ERSTES BUCH

Es ist selten der Fall, daß die Leidenschaften einzelner dem Gemeinwohl nicht schaden.

GESCHICHTE VON FLORENZ,
FÜNFTES BUCH

Wer mit jedem plaudert, keinem widerspricht und sich nie über andere achtbare Männer stellt, hat viele Freunde; überall genießt er Lob und nirgendwo Neid... Die Menschen sind nun mal so, daß einer Freunde nur dann kriegt, wenn er schmeichelt und Feinde, wenn er die Wahrheit sagt.

ANDRIA, I. AKT, I. SZENE

Kluge Männer pflegen nicht grundlos und zu Unrecht zu sagen, wer die Zukunft voraussehen wolle, müsse die Vergangenheit betrachten, denn alle Begebenheiten auf dieser Welt haben immer ihr Seitenstück in der Vergangenheit. Dies kommt daher, daß sie von Menschen vollbracht werden, die stets von den gleichen Leidenschaften beherrscht sind oder waren. Dieselben Ursachen müssen aber notwendigerweise dieselben Wirkungen haben.

VOM STAAT,
DRITTES BUCH, 43. KAPITEL

Ich habe sagen hören, daß die Geschichte die Lehrmeisterin unserer Handlungen und besonders der Fürsten sei.

ÜBER DIE AUFSTÄNDISCHE BEVÖLKERUNG
DES CHIANATALS

Bei ihren Veränderungen pflegen die meisten Staaten von der Ordnung zur Unordnung überzugehen, um dann von neuem von der Unordnung zur Ordnung zurückzukehren.

GESCHICHTE VON FLORENZ,
FÜNFTES BUCH

Wenn auf der Welt dieselben Menschen wiederkämen, wie dieselben Ereignisse wiederkommen, so würden keine hundert Jahre vorübergehen, daß wir nicht zum zweitenmal beisammen wären, um es gerade so zu machen wie jetzt.

CLIZIA, PROLOG

Auch wenn man unterliegt, soll man es in Ehren tun.

VOM STAAT,
DRITTES BUCH, 10. KAPITEL

Die Eroberungslust ist in der Tat eine sehr natürliche und verbreitete Erscheinung. Die Menschen, die imstande sind, Eroberungen zu machen, werden stets gelobt und nicht getadelt; wollen sie aber um jeden Preis etwas ausführen, was sie nicht können, so handeln sie falsch und verdienen Tadel.

DER FÜRST, III

Je weniger vom Alten übrigbleibt da, wo die Dinge nicht gut angeordnet sind, desto weniger bleibt vom Schlechten übrig.

ÜBER DIE REFORM DES STAATES
VON FLORENZ

Den Dingen, die man nicht aufhalten kann, muß man freien Weg lassen, wie es die Alten mit den Elefanten und den Sichelwägen taten.

ÜBER DIE KRIEGSKUNST,
DRITTES BUCH

Die meisten klugen Feldherren haben lieber den Angriff des Feindes ausgehalten, als ihn selbst angefallen; denn dichtgeschlossenen, unangetasteten Scharen ist es nicht schwer, einen wütenden Angriff auszuhalten; abgehaltene Wut verwandelt sich leicht in Feigheit.

ÜBER DIE KRIEGSKUNST,
VIERTES BUCH

Man kann eine Schlacht nicht vermeiden, wenn der Feind unbedingt schlagen will.

ÜBER DIE KRIEGSKUNST,
VIERTES BUCH

Es ist schwer, etwas gegen plötzliche Unfälle zu unternehmen, leicht gegen vorausbedachte.

ÜBER DIE KRIEGSKUNST,
SIEBENTES BUCH

Oft erreicht man rascher mit minderer Gefahr und mit geringeren Kosten seinen Zweck, indem man den Rücken zu wenden scheint, als indem man mit Gewalt und Hartnäckigkeit ein Ziel verfolgt.

GESCHICHTE VON FLORENZ,
ZWEITES BUCH

Eine Republik oder ein Alleinherrscher müssen sich den Anschein geben, als täten sie aus Großmut, wozu die Notwendigkeit sie zwingt.

VOM STAAT,
ERSTES BUCH, 51. KAPITEL

Will man jemandem einen Gefallen erweisen, so ist es besser, ihn ohne Aufforderung zu tun.

BRIEF AN DIE ZEHN,
8. NOVEMBER 1502

Wer seine Bequemlichkeit für die anderer aufgibt, verliert die seinige, ohne daß man ihm dafür dankt.

BRIEF AN FRANCESCO VETTORI,
10. DEZEMBER 1513

Die Menschen müssen sich so verhalten, daß sie sich nicht zu rechtfertigen brauchen, denn eine Rechtfertigung setzt immer einen Fehler oder die Vermutung eines Fehlers voraus.

BRIEF AN DIE ZEHN,
11. APRIL 1505

Es ist töricht zu fallen in der Hoffnung, jemanden zu finden, der einem wiederaufhilft.

DER FÜRST, XXIV

Mir ging es wie dem Fuchs, als er den Löwen sah: das erstemal starb er fast vor Angst, das zweitemal blieb er stehen, das drittemal sprach er mit ihm.

BRIEF AN FRANCESCO VETTORI,
26. AUGUST 1513

Was die Klugheit und Beständigkeit anbelangt, so behaupte ich, daß das Volk klüger und beständiger ist und ein richtigeres Urteil hat als ein Alleinherrscher. Nicht ohne Grund vergleicht man die Stimme des Volkes mit der Stimme Gottes.

VOM STAAT,
ERSTES BUCH, 58. KAPITEL

Es ereignet sich oft, daß ein mutiger Mann ein furchtsames Pferd hat, oder daß ein furchtsamer Mann ein mutiges Pferd hat; und diese Ungleichheit führt Unordnung herbei.

ÜBER DIE KRIEGSKUNST,
ZWEITES BUCH

Die Völker sind zwar unwissend, wie Cicero sagt, doch für die Wahrheit empfänglich.

VOM STAAT,
ERSTES BUCH, 4. KAPITEL

Wo viele sündigen, wird keiner bestraft: kleine Vergehen werden gezüchtigt, große und schwere Verbrechen belohnt.

GESCHICHTE VON FLORENZ,
DRITTES BUCH

Da die Natur den menschlichen Dingen keinen Stillstand gestattet, so müssen sie notwendigerweise sinken, nachdem sie ihre höchste Vollkommenheit erreicht haben und nicht mehr aufwärtszusteigen vermögen. Wenn sie durch Zerrüttung aufs tiefste gesunken sind, so müssen sie, da sie nicht mehr sinken können, wieder aufwärtssteigen. So sinkt man stets vom Guten zum Bösen und steigt vom Bösen zum Guten. Denn Kraft zeugt Ruhe, Ruhe Trägheit, Trägheit Unordnung, Unordnung Zerrüttung. So entsteht hinwiederum aus der Zerrüttung Ordnung, aus der Ordnung Kraft, aus der Kraft Ruhm und Glück.

GESCHICHTE VON FLORENZ,
FÜNFTES BUCH

Da alle menschlichen Dinge in Bewegung sind und nicht ruhen können, so müssen sie steigen oder fallen; und zu vielem, wozu die Vernunft nicht rät, zwingt die Notwendigkeit.

VOM STAAT,
ERSTES BUCH, 6. KAPITEL

Wer den Frieden stört, der mache sich auf den Krieg gefaßt.

GESCHICHTE VON FLORENZ,
SECHSTES BUCH

Mancher läßt den von selbst fallen, dem er beispringen würde, wenn ein anderer ihn stieße.

GESCHICHTE VON FLORENZ,
SIEBENTES BUCH

Gewalt und Notwendigkeit, nicht Verordnungen und Verpflichtungen halten die Fürsten an, ihrem Wort nachzukommen.

GESCHICHTE VON FLORENZ,
ACHTES BUCH

Als den Sternen, als dem Himmel der Ruhm der Sterblichen mißfiel, kam zu ihrer Erniedrigung die Undankbarkeit zur Welt. Des Geizes und des Argwohns Tochter, gesäugt in des Neides Armen, lebt sie in der Brust der Fürsten und der Könige.

DIE UNDANKBARKEIT

Handelt man zu spät, so verpaßt man die günstige Gelegenheit; handelt man zu früh, so hat man noch nicht genügend Kräfte gesammelt.

GESCHICHTE VON FLORENZ,
ZWEITES BUCH

Je später Krankheiten auftreten, um so gefährlicher und tödlicher sind sie.

GESCHICHTE VON FLORENZ,
ZWEITES BUCH

Den Völkern schadet weit mehr die Habsucht der Bürger als die Raubsucht der Feinde, denn von dieser ist das Ende abzusehen, nicht aber das Ende von jener.

GESCHICHTE VON FLORENZ,
FÜNFTES BUCH

Man soll nie versuchen, durch Gewalt zu siegen, wo man es durch Betrug vermag.

DAS LEBEN DES
CASTRUCCIO CASTRACANI

Eins ergibt das andere, und Zeit bringt Rat.

MANDRAGOLA,
I. AKT, I. SZENE

Wie glücklich der, der dumm geboren ward
Und alles glaubt, hat man schon oft gewahrt.
Furcht hat ihn nie erschreckt,
Noch stört ihm nachts den Schlummer
Ehrgeiz, der Menschen gerne
Verhilft zu Sorg und Kummer.

MANDRAGOLA,
LIED NACH DEM II. AKT

Es gibt viele Dinge, die aus der Ferne gesehen schrecklich, unerträglich, ungeheuerlich scheinen. Nähert man sich ihnen, werden sie menschlich, erträglich, vertraut. Darum sagt man, die Furcht ist größer als das Übel.

MANDRAGOLA,
III. AKT, II. SZENE

Wo man weniger weiß, argwöhnt man am meisten.

DIE UNDANKBARKEIT

Wer im Ernst den Teufel sieht, sieht ihn mit kürzeren Hörnern und nicht gar so schwarz.

LIED DER EINSIEDLER

Es ist unmöglich, daß die Kunst mehr vermöge als die Natur.

DIALOG ÜBER DIE SPRACHE

Wenn du willst, daß der Nachahmer besser sei als der Nachgeahmte, so willst du, was größtenteils nicht ist.

DIALOG ÜBER DIE SPRACHE

Es ist nun mal so, daß man immer dem glaubt, der Gutes verspricht. Daher kommt es auch, daß man den Ärzten so viel Vertrauen schenkt und daß man oft, indem man ihnen glaubt, die eigene Habe verliert. Das ist die einzige Sekte, die sich von anderer Leute Übel nährt und lebt.

DER GOLDENE ESEL,
ERSTER GESANG

Die Worte, welche lachen machen, sind entweder einfältig oder beleidigend oder verliebt..., und die Komödien, in denen diese drei Gattungen von Worten in Menge vorkommen, sind lustig; die, in denen sie fehlen, finden keine Lacher.

CLIZIA, PROLOG

Es ist Sitte der großen Städte, nicht lange bei einem Vorsatz zu beharren und heute eine Institution zu befürworten, die man morgen wieder abschafft.

BRIEF AN FRANCESCO GUICCIARDINI,
18. MAI 1521

Das Volk ist wankelmütig und töricht: oft sagt es, daß es das tut, was es tun sollte.

BRIEF AN FRANCESCO GUICCIARDINI,
15. MÄRZ 1526

Es ist kein Wunder, daß in einer Narrenzeit die Narren zum Zuge kommen.

BRIEF AN FRANCESCO GUICCIARDINI,
5. NOVEMBER 1526

Oft findet die Verzweiflung Mittel, auf die man durch die freie Willensentscheidung nicht kommt.

BRIEF AN FRANCESCO VETTORI,
16. APRIL 1527

Die Wunden und alle anderen Übel, die sich der Mensch freiwillig und aus eigener Wahl selbst zufügt, schmerzen viel weniger als die, die ihm durch andere zugefügt werden.

VOM STAAT,
ERSTES BUCH, 34. KAPITEL

Genießen wir also, wie es die Weisen tun; bedenken wir, daß noch Gutes kommen kann und daß, wer steht, am Ende fallen muß. Und wenn das Schlimme kommt, schluck es hinunter wie eine Arznei, denn töricht ist, wer sie schlürft oder kostet.

DER GOLDENE ESEL,
VIERTER GESANG

Schwache Republiken sind unentschlossen und fassen nur im Zwang der Not vorteilhafte Entschlüsse; denn ihre Schwäche läßt sie nie einen Entschluß fassen, wenn irgendein Zweifel noch möglich ist. Wird dieser Zweifel nicht mehr aus Not als aus freier Entscheidung beseitigt, so schwanken sie ewig hin und her.

VOM STAAT,
ERSTES BUCH, 38. KAPITEL

Fremde Waffen fallen entweder vom Leib oder sie wiegen zu schwer oder erdrosseln den Träger.

DER FÜRST, XIII

Das Volk stürzt oftmals, von einem Trugbild des Guten getäuscht, ins Verderben.

VOM STAAT,
ERSTES BUCH, 53. KAPITEL

Ein Vater muß lernen, das Handeln seiner Söhne zu akzeptieren, und zwar nicht gemessen an seinen Wünschen, sondern an deren Möglichkeiten.

BRIEF AN DIE ZEHN,
21. NOVEMBER 1500

Aus kleinen Dingen werden große Dinge, und die Gesinnung der Menschen erkennt man auch an den kleinen Dingen.

BRIEF AN DIE ZEHN,
15. OKTOBER 1502

Wer keine Phantastereien und Träume niederschreiben will, der muß den Wahrheitsgehalt der Dinge überprüfen, und dabei geht Zeit dahin.

BRIEF AN DIE ZEHN,
13. NOVEMBER 1502

Wer tagsüber als weise gilt, kann nachts nicht für einen Narren gehalten werden. Dem Ehrenmann und Tüchtigen bringt das, was er tut, um sich aufzuheitern und fröhlich zu leben, Ehre, aber keine Vorwürfe. Einen solchen Mann würde man nie als Schürzenjäger oder Päderasten bezeichnen; man würde vielmehr sagen, er sei allen zugetan, aufgeschlossen und ein guter Unterhalter.

BRIEF AN FRANCESCO VETTORI,
5. JANUAR 1514

Niemand wird ein hinkendes Pferd gerne reiten, denn es strengt zu sehr den Reiter an.

BRIEF AN DIE ZEHN,
11. APRIL 1505

Einige gehen an dem gleichen Übel zugrunde, das andere problemlos überstehen; es trifft immer die Schwächsten.

BRIEF AN DIE ZEHN,
17. JULI 1505

Ein Bildhauer meißelt leichter eine schöne Statue aus einem rohen Block als aus einem Marmor, den ein anderer schlecht bearbeitet hat.

VOM STAAT,
ERSTES BUCH, II. KAPITEL

Die Menschen urteilen im allgemeinen mehr nach dem, was sie mit den Augen sehen, als nach dem Gefühl; denn sehen können alle, fühlen aber wenige. Jeder sieht, was du zu sein scheinst, aber nur wenige erfassen, was du in Wirklichkeit bist; und diese wenigen wagen nicht, der Meinung der vielen zu widersprechen, die die Majestät des Staates zu ihrem Schutz haben.

DER FÜRST, XVIII

Wenn eine Tat aus Not geschieht, dürfen und können ihr weder Lob noch Tadel folgen.

GESCHICHTE VON FLORENZ,
FÜNFTES BUCH

Eine Republik zählt mehr große Männer als eine Monarchie: in jener wird die Tapferkeit fast immer geehrt, in dieser fürchtet man sie sehr. In der Republik zielt daher alles dahin ab, die Tapferkeit zu nähren, in den Monarchien, sie zu ersticken.

ÜBER DIE KRIEGSKUNST,
ZWEITES BUCH

Nur ein schlechter Mann läßt das Gute aus Furcht vor dem Bösen; nur ein feiger Mann sieht ab von einem glorreichen Unternehmen um eines zweifelhaften Ausgangs willen.

GESCHICHTE VON FLORENZ,
ZWEITES BUCH

Ein Mensch, der an eine bestimmte Art zu handeln gewohnt ist, ändert sich nie und muß, wenn die veränderten Zeitverhältnisse zu seinen Methoden nicht mehr passen, notwendigerweise scheitern ...

Daß wir uns nicht ändern können, hat zwei Gründe: zum einen können wir uns unserer eigenen Natur nicht widersetzen; zum anderen ist es unmöglich, einen Menschen, der bei einer bestimmten Art zu handeln Glück gehabt hat, zu überzeugen, daß es gut sein kann, auch einmal anders zu handeln. Daher kommt es, daß das Glück eines Menschen Schwankungen unterliegt; denn die Zeiten ändern sich, er aber ändert seine Methoden nicht.

VOM STAAT,
DRITTES BUCH, 9. KAPITEL

Bei allem, was sie tun, besonders aber, wenn sie etwas Großes vorhaben, müssen die Menschen die Zeitverhältnisse berücksichtigen und sich danach richten.

Wer durch schlechte Wahl seiner Mittel oder aufgrund natürlicher Veranlagung seiner Zeit nicht konform geht, wird meistens unglücklich, und seine Handlungen nehmen ein schlechtes Ende.

VOM STAAT,
DRITTES BUCH, 8. KAPITEL

Kein Staat glaube jemals, immer nur sichere Entschlüsse fassen zu können, vielmehr rechne er mit der Zweifelhaftigkeit aller Dinge; denn es liegt in der Natur der Dinge, daß man keinem Übel entgehen kann, ohne in ein anderes zu geraten. Die Klugheit aber besteht darin, ihre Größe richtig abzuschätzen und das geringere Übel als Vorteil anzusehen.

DER FÜRST, XXI

Jeder Staat muß die ihm eigenen Mittel und Wege haben, um dem Ehrgeiz des Volkes Luft zu machen.

VOM STAAT,
ERSTES BUCH, 4. KAPITEL

Wenn du die Veränderung eines Staates bewirkst, so fürchtet der, den du zum Fürsten gemacht hast, daß du ihm das nimmst, was du ihm gegeben hast. Er wird dir weder treu bleiben noch den Vertrag einhalten, denn die Furcht vor dir wirkt in ihm mächtiger als die übernommene Verpflichtung. Und diese Furcht währt so lange, wie er dich und deinen Stamm nicht vertilgt sieht. So müht man sich oft zu dienen, und der Lohn für die guten Dienste sind ein elendes Leben und ein gewaltsamer Tod.

DIE UNDANKBARKEIT

Solche Herren mögen ihre Herrschaft sichern, die nur wenige Gegner haben, die durch Tod oder Bann leicht zu vernichten sind. Aber bei dem Haß eines ganzen Gemeinwesens hat es niemals Sicherheit gegeben. Denn man weiß nicht, von welcher Seite her die Gefahr kommen kann, und wer sich vor allen fürchtet, kann sich niemals des einzelnen versichern. Wer es aber versucht, vergrößert nur die Gefahr, denn die Übrigbleibenden verstocken im Haß und sind noch mehr bereit zur Rache.

GESCHICHTE VON FLORENZ,
ZWEITES BUCH

Die wohlgeordneten Freistaaten müssen den Staat reich und ihren Bürger arm halten.

VOM STAAT,
ERSTES BUCH, 37. KAPITEL

Die Ursache der Uneinigkeit der Freistaaten ist meistens Müßiggang und Frieden, die Ursache ihrer Einigkeit Krieg und Furcht.

VOM STAAT,
ZWEITES BUCH, 25. KAPITEL

Betrachtet man die Völker, denen man heutzutage Räuberei und ähnliche Schlechtigkeiten vorwirft, so wird man finden, daß sie nur durch ihre Regenten, die ähnliche Eigenschaften haben, so geworden sind.

VOM STAAT,
DRITTES BUCH, 29. KAPITEL

Ich weiß wohl, daß viele unter dem Schein von Teilnahme uns zum Reden bringen und uns hinterher verhöhnen.

CLIZIA, I. AKT, I. SZENE

Der Mensch ist von Natur ehrgeizig und mißtrauisch und weiß sich im Glück nicht zu mäßigen.

VOM STAAT,
ERSTES BUCH, 29. KAPITEL

Die Menschen gehen sprunghaft von einem Ehrgeiz zum anderen über. Zuerst ist man darauf bedacht, nicht angegriffen zu werden, dann trachtet man danach, andere anzugreifen.

VOM STAAT,
ERSTES BUCH, 46. KAPITEL

Noch während sie darauf bedacht sind, ohne Angst zu leben, beginnen die Menschen, ihren Mitmenschen Furcht einzuflößen und die Unbill, die sie von sich abwehren, einem anderen zuzufügen, als ob sie nicht leben könnten, ohne einen anderen zu verletzen oder von ihm verletzt zu werden.

VOM STAAT,
ERSTES BUCH, 46. KAPITEL

Die Menschen fügen einander Schaden zu entweder aus Furcht oder aus Haß.

DER FÜRST, VII

Die Menschen sind immer schlecht, wenn die Notwendigkeit sie nicht gut macht.

DER FÜRST, XXIII

Jeder weiß, wie löblich es ist, wenn ein Fürst sein Wort hält und rechtschaffen und ohne List seinen Weg geht. Gleichwohl zeigt die

Erfahrung unserer Tage, daß die Fürsten, die sich aus Treu und Glauben wenig machten und die Gemüter der Menschen mit List zu betören verstanden, Großes vollbracht haben und daß sie sich schließlich gegen diejenigen, die redlich handelten, durchgesetzt haben.

DER FÜRST, XVIII

Ein Fürst, insbesondere ein neuer Fürst, kann nicht all das befolgen, was gewöhnlich für gut gehalten wird; denn oft muß er, um seine Stellung zu behaupten, gegen Treu und Glauben, gegen Barmherzigkeit, Menschlichkeit und Religion verstoßen.

DER FÜRST, XVIII

Es kann keine guten Gesetze geben, wo es keine guten Streitkräfte gibt.

DER FÜRST, XII

In einem wohlgeordneten Staat soll man nie Verbrechen mit Verdiensten gegeneinander ausgleichen.

VOM STAAT,
ERSTES BUCH, 22. KAPITEL

Nur wer gewalttätig ist, um zu zerstören, nicht, wer es ist, um aufzubauen, verdient Tadel.

VOM STAAT,
ERSTES BUCH, 9. KAPITEL

Alle, die sich mit Politik befaßt haben, stimmen darin überein – und die Geschichte belegt es durch viele Beispiele –, daß wer einer Republik Verfassung und Gesetze gibt, davon ausgehen muß, daß alle Menschen schlecht sind und daß sie stets ihren bösen Neigungen folgen werden, sobald ihnen Gelegenheit dazu geboten wird.

VOM STAAT,
ERSTES BUCH, 3. KAPITEL

Vermögen und Ehre sind die beiden Dinge, deren Verletzung die Menschen am meisten kränkt. Davor muß sich der Machthaber hüten; denn er kann nie einen Menschen derart ausplündern, daß diesem nicht einmal ein Dolch zur Rache bleibt, und er kann keinen Menschen derart entehren, daß diesem nicht der unerschütterliche Entschluß zur Rache bleibt.

VOM STAAT,
DRITTES BUCH, 6. KAPITEL

Der Herzog von Athen wollte die Knechtschaft, nicht die Liebe der Menschen und hielt von Furcht mehr als von Zuneigung.

GESCHICHTE VON FLORENZ,
ZWEITES BUCH

Ein Fürst darf nur so viel Furcht verbreiten, daß er, wenn er dadurch schon keine Liebe gewinnt, doch keinen Haß auf sich zieht; denn er kann sehr wohl gefürchtet werden, ohne verhaßt zu sein.

DER FÜRST, XVII

Einen neidischen Menschen, der lachte, fragte er: »Lachst du, weil du vergnügt bist oder weil ein anderer Kummer hat?«

DAS LEBEN DES
CASTRUCCIO CASTRACANI

Wer ein schlechtes Gewissen hat, glaubt leicht, man spreche von ihm. Er kann ein in völlig anderer Absicht gesprochenes Wort hören, darüber den Kopf verlieren und glauben, es gehe ihn selbst an.

VOM STAAT,
DRITTES BUCH, 6. KAPITEL

Regieren ist nichts anderes als die Untertanen so halten, daß sie einem weder etwas anhaben können noch anhaben wollen. Dies erreicht man entweder dadurch, daß man sich ihrer vollkommen versichert, indem man ihnen jede Möglichkeit nimmt, einem zu schaden, oder dadurch, daß man ihnen so viel Gutes erweist, daß es töricht von ihnen wäre, eine Änderung ihres Zustandes herbeizuführen.

VOM STAAT,
ZWEITES BUCH, 23. KAPITEL

Kluge Fürsten ... müssen nicht nur auf die gegenwärtigen Unruhen, sondern auch auf die künftigen achten und sie unter Aufbietung all ihrer Kräfte im Keime ersticken. Sieht man das aufkeimende Übel schon von weitem, dann kann man es leicht abwenden; wartet man aber, bis es nah ist, kommt jede Medizin zu spät, weil das Übel unheilbar geworden ist.

DER FÜRST, III

Die Masse kritisiert oft mit Kühnheit die Entscheidungen ihrer Führer; sobald sie aber die Strafe vor Augen sieht, traut keiner mehr dem anderen, und jeder ist nur bestrebt zu gehorchen.

VOM STAAT,
ERSTES BUCH, 57. KAPITEL

Daß Zeit nicht reicht, den Durst nach Freiheit zu löschen, ist gewiß. Denn häufig hört man, daß in einer Stadt die Freiheit von Männern wiedererkämpft wurde, die sie niemals selbst genossen hatten, sondern sie allein aufgrund der Erinnerung lieben, die sie aus der Zeit ihrer Väter haben, und darum die wiedergewonnene Freiheit standhaft unter jeder Gefahr schützen.

GESCHICHTE VON FLORENZ,
ZWEITES BUCH

Was vor allem das Heer in Eintracht erhält, ist das Ansehen des Feldherrn, das allein durch seine Tapferkeit entsteht; denn weder Blut noch Macht bringen Ansehen ohne Tapferkeit hervor.

ÜBER DIE KRIEGSKUNST,
SECHSTES BUCH

Wer eine Zeitlang gütig schien und nun, um etwas zu erreichen, hart werden will, muß es mit den gehörigen Übergängen tun und die

Gelegenheiten so wahrnehmen, daß er, bevor er infolge der Veränderung seines Wesens die alten Freunde verliert, schon so viel neue gewonnen hat, daß seine Macht keine Einbuße erleidet, sonst wird er durchschaut und geht ohne Freunde zugrunde.

VOM STAAT,
ERSTES BUCH, 41. KAPITEL

Einem Machthaber darfst du weder so nahe stehen, daß sein Sturz dich mitreißt, noch so ferne, daß du im Falle seines Sturzes nicht bereit bist, auf seine Trümmer zu steigen.

VOM STAAT,
DRITTES BUCH, 2. KAPITEL

Diejenigen, die nur durch Glück aus dem Privatstand auf den Thron erhoben werden, haben wenig Mühe aufzusteigen, aber große, sich zu behaupten.

DER FÜRST, VII

Die großen und natürlichen Feindschaften, die zwischen Bürgertum und Adel bestehen und darin begründet sind, daß dieser befehlen, jenes nicht gehorchen will, sind die Quelle aller Übel, an denen die Städte kranken. Denn in dieser Verschiedenheit der Neigungen findet jeglicher Zwist, der die Ruhe der Freistaaten stört, seine Nahrung.

GESCHICHTE VON FLORENZ,
DRITTES BUCH

Da das Volk nach den Gesetzen zu leben wünscht, die Mächtigen aber den Gesetzen befehlen zu dürfen glauben, so können sie unmöglich miteinander auskommen.

GESCHICHTE VON FLORENZ,
ZWEITES BUCH

Zwischen einem Bewaffneten und einem Unbewaffneten ist kein Vergleich möglich; man kann nicht erwarten, daß der Bewaffnete dem Unbewaffneten willig gehorche und daß der Unbewaffnete sich unter bewaffneten Dienern sicher fühle.

DER FÜRST, XIV

Ein Machthaber, der den, der sich irrt, nicht straft, so daß er sich nicht mehr irren kann, wird für unfähig oder feige gehalten.

VOM STAAT,
ZWEITES BUCH, 23. KAPITEL

Der angestammte Fürst hat weniger Anlaß und Notwendigkeit, Gewalt anzuwenden; darum erfreut er sich größerer Beliebtheit. Wenn er sich nicht durch außergewöhnliche Laster verhaßt macht, so versteht es sich von selbst, daß seine Untertanen ihm gewogen sind.

DER FÜRST, II

Die Hauptobliegenheit eines jeden Fürsten ist, sich vor Haß oder Geringschätzung zu hüten.

BRIEF AN FRANCESCO VETTORI,
20. DEZEMBER 1514

Wer in einer Stadt eine Neuerung veranlaßt, der glaube bloß nicht, daß es in seiner Macht stehe, der Bewegung ein Ziel zu setzen oder ihr die von ihm gewünschte Richtung zu geben.

GESCHICHTE VON FLORENZ,
DRITTES BUCH

Derjenige, der einen Staat an sich reißen will, muß alle notwendigen Gewalttaten vorher in Betracht ziehen und sie auf einen Schlag ausführen, damit er nicht jeden Tag von neuem auf sie zurückzugreifen braucht, sondern, ohne sie zu wiederholen, die Menschen beruhigen und durch Wohltaten für sich gewinnen kann.

DER FÜRST, VIII

Im Krieg vermag Disziplin mehr als blinde Wut.

ÜBER DIE KRIEGSKUNST,
SIEBENTES BUCH

Mutige und ungeordnete Soldaten sind ohne Zweifel viel schwächer als furchtsame und geordnete, denn die Ordnung vertreibt die Furcht, die Unordnung läßt den Mut schwinden.

ÜBER DIE KRIEGSKUNST,
ZWEITES BUCH

Zu einem zügellosen, aufrührerischen Volk kann ein Mann von rechter Gesinnung sprechen und es leicht wieder auf den rechten Weg zurückführen. Mit einem schlechten Alleinherrscher kann aber niemand sprechen, gegen ihn gibt es kein anderes Mittel als das Eisen.

VOM STAAT,
ERSTES BUCH, 58. KAPITEL

Eine führerlose Menge ist zu nichts nütze.

VOM STAAT,
ERSTES BUCH, 44. KAPITEL

Die Häupter ohne Schweif sind bald vernichtet und erreichen wenig.

BRIEF AN FRANCESCO VETTORI,
26. AUGUST 1513

Wenn es auf der einen Seite nichts Schrecklicheres gibt als eine entfesselte, führerlose Menge, so gibt es auf der anderen Seite auch nichts Schwächeres. Mag sie auch bewaffnet sein, so wirst du sie leicht zur Ordnung bringen, wenn du einen Zufluchtsort hast, um ihrem ersten Ansturm auszuweichen. Denn wenn die Gemüter ein wenig abgekühlt sind und ein jeder wieder nach Hause zurückkehren muß, so fangen sie an, an sich selbst zu zweifeln und an die eigene Sicherheit zu denken, indem sie entweder fliehen oder sich unterwerfen.

VOM STAAT,
ERSTES BUCH, 57. KAPITEL

Eine Masse ohne Anführer hat noch nie Schaden angerichtet, und wenn sie es tun sollte, so kann man sie leicht unterdrücken.

ÜBER DIE REFORM DES
STAATES VON FLORENZ

Die meisten Menschen sind geeigneter, eine gute Einrichtung aufrechtzuerhalten, als selber eine zu treffen.

GESCHICHTE VON FLORENZ,
DRITTES BUCH

Wenn man bewaffnet in den Krieg geht, hat man noch einmal soviel Courage.

CLIZIA, IV. AKT, 5. SZENE

Der unbewaffnete Reiche ist die Belohnung des armen Soldaten.

ÜBER DIE KRIEGSKUNST,
SIEBENTES BUCH

Ich glaube, daß der rechte Weg, ins Paradies einzugehen, der sein würde, den Weg in die Hölle kennenzulernen, um ihn zu meiden.

BRIEF AN FRANCESCO GUICCIARDINI,
17. MAI 1521

Man kann den Teil nicht verlieren, ohne daß das Ganze wanke.

BRIEF AN FRANCESCO VETTORI,
10. DEZEMBER 1514

Die Menschen lassen sich viel stärker von der Gegenwart beeinflussen als von der Vergangenheit; und wenn sie in der Gegenwart ihren Vorteil finden, genießen sie ihn und suchen nichts anderes.

DER FÜRST, XXIV

Es ist in der Tat wahr, daß alle Dinge auf der Welt ihre Lebensgrenze haben; doch nur diejenigen vollenden den ganzen, ihnen vom Himmel vorgezeichneten Weg, die ihren Körper nicht in Unordnung bringen, sondern ihn so in Ordnung halten, daß er sich nicht ändert oder, wenn er sich ändert, nur zu seinem Wohl und nicht zu seinem Schaden. Da ich hier von »zusammengesetzten Körpern« spreche, wie es Staaten und Religionsgemeinschaften sind, so behaupte ich, daß ihnen nur diejenigen Veränderungen zum Wohl gereichen, die sie zu ihren Anfängen zurückführen. Daher sind diejenigen Staaten und Religionsgemeinschaften am besten geordnet und haben das längste Leben, die sich dank ihrer Einrichtungen häufig erneuern können oder durch einen äußeren Zufall zu einer solchen Erneuerung kommen.

VOM STAAT,
DRITTES BUCH, I. KAPITEL

Wo man Kerker, Folter, Tod durch Henkershand im Hintergrund sieht, ist es gefährlicher zu warten als zu handeln: denn im ersten Fall ist das Übel groß, im anderen zweifelhaft.

GESCHICHTE VON FLORENZ,
DRITTES BUCH

Wer nicht fechten kann und dennoch kämpft, täuscht denjenigen, der davon etwas versteht.

BRIEF AN PIETRO SODERINI
(1512?)

Verschwörungen stürzen meist ihre Urheber ins Verderben, während sie die Größe der Bedrohten sichern.

GESCHICHTE VON FLORENZ,
ACHTES BUCH

In der Mehrzahl der Fälle gelangt ein Fürst, gegen den eine Verschwörung angezettelt wird, die ihn nicht das Leben kostet, zu größerer Macht, und wenn er vorher gut war, so wird er dann böse. Denn Anlässe dieser Art geben ihm Grund zu fürchten; die Furcht bestimmt ihn, sich zu sichern; das Verlangen nach Sicherheit läßt ihn andere verletzen, woraus dann der Haß entsteht, der am Ende oft seinen Untergang besiegelt.

GESCHICHTE VON FLORENZ,
ACHTES BUCH

Da man gefährliche Entschlüsse mit um so größerem Widerwillen faßt, je länger man darüber nachsinnt, so ereignet es sich immer wieder, daß die Verschwörungen, die lange vorher geplant werden, gewöhnlich entdeckt werden.

GESCHICHTE VON FLORENZ,
ZWEITES BUCH

Bei Verschwörungen ist zwar eine kleine Anzahl Mitwisser sehr geeignet, das Geheimnis zu wahren, aber zur Ausführung unzureichend.

DAS LEBEN DES
CASTRUCCIO CASTRACANI

Es ist unklug, die Dinge nach den Wirkungen zu beurteilen, da gut bedachte Unternehmungen häufig einen unglücklichen Ausgang haben, schlecht bedachte oft glücklich enden.

GESCHICHTE VON FLORENZ,
VIERTES BUCH

Die Erfahrung zeigt, daß es viele Verschwörungen gegeben hat, aber nur wenige geglückt sind; denn wer eine Verschwörung anzettelt, kann nicht allein bleiben, und er kann nur unter solchen Menschen Gefolgschaft finden, die er für unzufrieden hält. Sobald du aber einem Unzufriedenen deine Absicht enthüllt hast, gibst du ihm Gelegenheit, seine Lage zu verbessern, denn durch Denunziation kann er sich jeden Vorteil erhoffen. Da er auf der einen Seite einen sicheren Gewinn, auf der anderen nur Ungewißheit und Gefahr sieht, muß er wohl entweder ein erbitterter Feind des Fürsten oder ein seltener Freund sein, um dir die Treue zu halten.

DER FÜRST, XIX

Ein Machthaber, der sich vor Verschwörungen schützen will, muß die, denen er zuviel Wohltaten erwiesen hat, mehr fürchten als die, denen er zuviel Unrecht zugefügt hat; denn den letzteren fehlt es an Gelegenheit, woran die ersteren mehr als genug haben. Die böse Absicht ist bei beiden gleich stark, denn die Herrschsucht ist genauso groß, wenn nicht noch größer als die Rachsucht.

VOM STAAT,
DRITTES BUCH, 6. KAPITEL

Besser ein magerer Vergleich denn ein fetter Sieg.

GESCHICHTE VON FLORENZ,
SIEBENTES BUCH

Einen Krieg kann man nie ganz vermeiden, sondern nur zum Vorteil des Gegners aufschieben.

DER FÜRST, III

Nicht das Gold ist der Herr des Krieges, sondern gute Soldaten; denn Gold genügt nicht, um gute Soldaten zu schaffen, aber gute Soldaten genügen wohl, um Gold herbeizuschaffen.

VOM STAAT,
ZWEITES BUCH, 10. KAPITEL

Weder der Glanz der Edelsteine noch der des Goldes bewirkt, daß die Feinde sich dir unterwerfen, sondern nur die Furcht vor den Waffen.

ÜBER DIE KRIEGSKUNST,
ZWEITES BUCH

Fehler, die man in anderen Dingen macht, können bisweilen wiedergutgemacht werden; aber die Fehler, die man im Krieg macht, können nicht wiedergutgemacht werden, da ihnen die Strafe auf dem Fuß folgt.

ÜBER DIE KRIEGSKUNST,
ZWEITES BUCH

Männer, Eisen, Geld und Brot sind der Nerv des Krieges. Von diesen vier jedoch sind die zwei ersten am notwendigsten, denn Männer und Eisen finden Geld, aber Brot und Geld finden nicht Männer und Eisen.

ÜBER DIE KRIEGSKUNST,
SIEBENTES BUCH

Mit geringeren Schäden, wenn auch mit höheren Kosten, führt man Krieg auf fremdem Gebiet als in der Heimat.

GESCHICHTE VON FLORENZ,
VIERTES BUCH

Soweit ich zurückdenken kann, hat man immer entweder Krieg geführt oder darüber diskutiert; nun diskutiert man darüber, in Kürze wird man Krieg führen, und wenn er zu Ende sein wird, wird man erneut darüber diskutieren, so daß es nie vorkommen wird, daß man über nichts nachdenkt.

BRIEF AN FRANCESCO GUICCIARDINI,
3. JANUAR 1526

Eine Eroberung weckt den Durst nach einer weiteren Eroberung.

BRIEF AN FRANCESCO VETTORI,
10. DEZEMBER 1514

Übel angewandte Freiheit bringt einem selbst und anderen Nachteil.

GESCHICHTE VON FLORENZ,
ACHTES BUCH

Wer die alte Geschichte liest, wird feststellen, daß nach einer Staatsumwälzung – sei es nun, daß eine Republik von einer Alleinherrschaft oder eine Alleinherrschaft von einer Republik abgelöst wird – eine denkwürdige Hinrichtung der Feinde der neuen Ordnung notwendig ist. Wer sich zum Alleinherrscher erhebt und Brutus nicht tötet oder wer einen Freistaat gründet und die Söhne des Brutus nicht hinrichten läßt, wird sich nicht lange halten.

VOM STAAT,
DRITTES BUCH, 3. KAPITEL

Das beste Mittel gegen einen Anschlag des Feindes ist, das freiwillig zu tun, wozu er dich zu zwingen vorhat. Denn tust du es freiwillig, so kannst du es mit Ordnung zu deinem Vorteil und seinem Nachteil ausführen; tätest du es gezwungenermaßen, so würde es deinen Untergang herbeiführen.

ÜBER DIE KRIEGSKUNST,
VIERTES BUCH

Die Fürsten lassen sich leicht dazu bringen, neue Gefälligkeiten denen zu erweisen, denen sie alte Gefälligkeiten erwiesen haben; sie fürchten so sehr durch Verweigern die früheren Wohltaten zu verlieren, daß sie sich immer beeilen, neue zu erweisen, wenn diese begehrt werden.

BRIEF AN FRANCESCO GUICCIARDINI,
21. OKTOBER 1525

Die Forderungen der freien Völker sind selten für die Freiheit schädlich, denn diese sind entweder eine Folge der Unterdrückung oder eine Folge der Furcht vor Unterdrückung.

VOM STAAT,
ERSTES BUCH, 4. KAPITEL

Wer eine Stadt erobert, die gewohnt war, frei zu sein, und sie nicht zerstört, mag sich darauf gefaßt machen, von ihr zugrunde gerichtet zu werden. Denn der Name der Freiheit und die alte Staatsverfassung dienen stets als Vorwand für Aufstände und werden weder im Laufe der Zeit noch durch Wohltaten in Vergessenheit geraten.

DER FÜRST, V

Wißt ihr, was der Name der Freiheit bedeutet und wie mächtig er ist? Den Geist der Freiheit bändigt keine Gewalt, keine Zeit verwischt ihn, kein Geschenk wiegt ihn auf.

GESCHICHTE VON FLORENZ,
ZWEITES BUCH

Wird die Freiheit wiedergewonnen, so ist die Erbitterung heftiger, sind die Wunden tiefer, als wenn man sie verteidigt.

GESCHICHTE VON FLORENZ,
ZWEITES BUCH

Bloß jene Herrschaft ist von Bestand, die freiwillig zugestanden wird.

GESCHICHTE VON FLORENZ,
ZWEITES BUCH

Nur der Gehorsam dauert, der freiwillig ist.

GESCHICHTE VON FLORENZ,
ZWEITES BUCH

Die Völker beißen grimmiger, wenn sie die Freiheit wiedererrungen, als wenn sie diese nur aufrechterhalten haben.

VOM STAAT,
ERSTES BUCH, 28. KAPITEL

Wer an Unabhängigkeit gewohnt ist, dem ist jedes Band ein Zwang, jede Kette eine Last.

GESCHICHTE VON FLORENZ,
ZWEITES BUCH

Es ist gefährlich, die Freiheit einem Volk zu geben, das auf jeden Fall Knecht sein will.

GESCHICHTE VON FLORENZ,
DRITTES BUCH

Wenn ein Volk, das an eine Alleinherrschaft gewohnt ist, durch irgendein Ereignis frei wird, behauptet es nur schwer seine Freiheit.

VOM STAAT,
ERSTES BUCH, 16. KAPITEL

Die mildtätigsten Personen, die es gibt, und zugleich die lästigsten sind die Weiber. Wer sie abweist, meidet Langeweile und seinen Vorteil; wer sich mit ihnen einläßt, hat davon Vorteil und Langeweile. Aber es ist wahr, es gibt keinen Honig ohne Fliegen.

MANDRAGOLA, III. AKT,
4. SZENE

Wer je eine Frau beleidigt, zu Unrecht oder Recht, der ist töricht, wenn er durch Bitten oder Tränen Verzeihung zu erhalten glaubt. Wie sie ins irdische Leben herabsteigt mit ihrer auch sterblichen Seele, hat sie schon Stolz, Schlauheit, Unversöhnlichkeit, List und Grausamkeit zum Gefolge. Diese leisten ihr so mächtigen Beistand, daß sie bei jedem Anschlag ihren Wunsch erreicht, und treibt sie Rache an oder ist Eifersucht im Spiel, so sieht man ihre Stärke irdische Kraft übersteigen.

CLIZIA, LIED AM ENDE DES III. AKTS

Amor mißhandelt diejenigen, die ihm die Flügel stutzen oder ihn festbinden wollen, wenn er ihnen in den Schoß fliegt. Da er ein Kind und wankelmütig ist, reißt Amor diesen die Augen, die Leber und das Herz aus. Diejenigen aber, die es genießen, wenn er kommt, und ihm schmeicheln und die ihn gehen lassen, wenn er geht, und ihn willig aufnehmen, wenn er wiederkommt, werden stets von ihm geehrt und geliebkost und triumphieren unter seiner Herrschaft.

BRIEF AN FRANCESCO VETTORI, 10. JUNI 1514

So schön die Liebe ist in jugendlichen Herzen,
So wenig ist sie passend für den,
Dem die Blüte der Jahre verschwunden.
Im Verhältnis mit den Jahren steht die Kraft
der Liebe,
In frischem Alter ist ihr Wert groß,
Bei Alten taugt sie wenig oder nichts.

CLIZIA, LIED AM ENDE
DES II. AKTS

Gleich notwendig im Krieg und in der Liebe sind das Geheimnis, die Treue und der Mut: gleich sind die Gefahren, und das Ende ist meistens ähnlich. Der Soldat stirbt in einem Graben; der Liebende stirbt in Verzweiflung.

CLIZIA, I. AKT, 2. SZENE

Ich habe immer gehört, daß man drei Gattungen von Menschen meiden soll: Sänger, Alte und Verliebte.

CLIZIA, I. AKT, I. SZENE

So viele brave Leute sind in der Hölle! Mußt du dich denn schämen, auch hinzuzukommen?

MANDRAGOLA, IV. AKT,
I. SZENE

Wenn es Ihnen widerwärtig ist, die Dinge zu erörtern, weil sie oft ihren Lauf nehmen gegen alle Regeln der Vernunft, so haben Sie recht; mir ist es nicht anders ergangen.

BRIEF AN FRANCESCO VETTORI,
9. APRIL 1513

SACHREGISTER

Titel der italienischen Originalausgabe: *Machiavelli per i manager*

Die Texte beruhen auf: Niccolò Machiavelli, *Sämtliche Werke*, übers. und hrsg. von Johannes Ziegler, 8 Bände, Karlsruhe 1832-41, überarbeitet und modernisiert von Annalisa Viviani.

CIP-Titelaufnahme der Deutschen Bibliothek

Machiavelli, Niccolò:
Machiavelli für Manager : Sentenzen / [Niccolò Machiavelli]. Ausgew. von Luigi und Elena Spagnol. [Übers. von Johannes Ziegler, überarb. und modernisiert von Annalisa Viviani]. – München ; Zürich : Artemis-Verl., 1991 ISBN 3-7608-1927-3
NE: Spagnol, Luigi [Hrsg.]; Viviani, Annalisa [Bearb.]; Ziegler, Johannes [Übers.]; HST

Satz: Filmsatz Schröter GmbH, München. Druck und Bindung: Spiegel, Ulm. Printed in Germany
ISBN 3-7608-1927-3